AF595267

LA VISION,

CONTENANT

L'EXPLICATION DE L'ÉCRIT

INTITULÉ:

TRACES DU MAGNÉTISME,

ET

LA THÉORIE

DES

VRAIS SAGES.

Et les Doctours viendront à notre école.

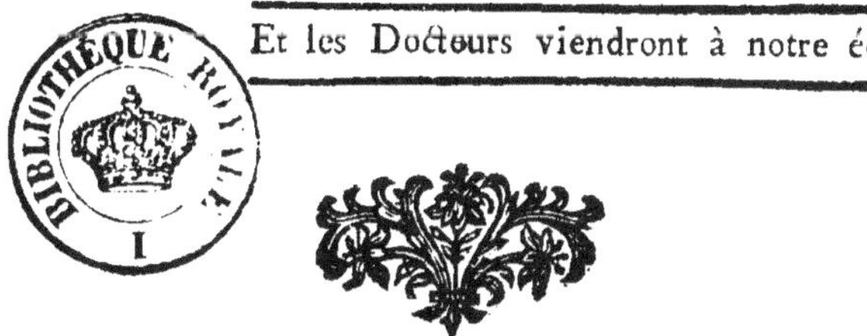

A MEMPHIS,

Et se trouve A PARIS,

Chez COUTURIER, Imprimeur-Libraire, Quai des Augustins.

1784.

AVERTISSEMENT.

ON ne lit plus d'ouvrages frivoles. Chacun cherche dans les livres qu'il achete du ſavoir & de l'inſtruction: quel livre doit être plus acheté que celui-ci!

On ne peut ſe diſſimuler combien l'organiſation phyſique influe ſur les diſpoſitions de l'eſprit, & ſur tout ce qui dépend de nos idées; auſſi ne doit-on pas être étonné de l'affluence des Elèves qui ſe raſſemblent chez M. Meſmer. On ſe propoſe de lui élever une ſtatue, aux pieds de laquelle on gravera ces mots : *Diſcipuli Magiſtro.* Il eût été juſte de préférer ceux-ci : *Gratus erit orbis.*

Les ſages de tous les pays voyageoient dans l'Inde, pour étudier ſous les Philoſophes Indiens. On vient du ſeptentrion & du midi pour prendre les leçons de ce grand homme. Les Américains, dont l'organiſation eſt plus ſenſible & plus irritable que celle des Habitans de l'ancien Monde, accourent de l'autre pôle pour rendre hommage à ſon art merveilleux.

LA VISION.

CHAPITRE PREMIER.

Comment je rêvai.

ET j'étais couché dans un lit de duvet, dont les rideaux étaient d'une gaze légère, & mes ſens étaient plongés dans cet état de langueur & d'ivreſſe qui ſuit une heureuſe nuit. C'était pendant l'été, & le ſoleil du matin ne pénétrait dans la chambre que par une fente très-petite. Mes mains étaient croiſées ſur mon eſtomac, & le bras flexible de Zoë preſſait autour de mon col, & je croyais dormir. Alors je crus entendre parler vingt perſonnes à la fois, & cependant toutes ces paroles ſortaient de la bouche d'un ſeul homme, dont la langue & les lèvres s'agitaient avec une extrême rapidité. Une figure, que je crus reconnaître, m'apparut, & c'était celle d'un homme gros & court, dont le front était chauve & le visage rond : il était tout couvert d'inscriptions, de chiffres & de talismans, & vêtu d'une robe longue qui tenait du costume de toutes les nations. A droite, je la pris pour une robe d'avocat ; à gauche, pour celle d'un prêtre égyptien, & par devant, pour une redingote à l'anglaise. Il tenait d'une main une queue de vache noire, & de l'autre une brochure, & il me dit : *Jeune homme, prends & lis* ; & je n'en voulus rien faire, car j'aimais mieux l'entendre, attendu que, s'il ne disait pas bien, du moins il parlait facilement, au lieu que son livre, chargé d'hiéroglyphes que je ne savais pas expliquer, contenait des choses moins intelligibles encore.

CHAPITRE II.

Quel était ce Personnage.

ET il parla en ces termes : j'ai vécu dans tous les temps ; je me mêle de tout, & ne suis rien ; je m'intéresse dans les affaires des savants, sans mise de fonds, comme autrefois une femme en crédit dans les affaires du roi. J'ai soin d'aller trois ou quatre fois la semaine dans un palais magique, où se rassemblent sous mes yeux tout ce que les hommes ont fait de bien & de mal depuis le commencement du monde. Je choisis dans la multitude des objets ceux que je crois dignes de remplir ma mémoire, & je me dis ensuite l'esprit des beaux esprits, le savant des savants & le sage des sages.

CHAPITRE III.

Comment il fut interrompu.

MAIS tout à coup parut un ſpectre à cheveux blancs, ſec & décharné; les pommettes de ſes joues étaient ſaillantes, ſa bouche édentée, & la coupe de ſon viſage tenait à la fois de l'homme & du ſinge. Cependant ſes yeux étaient vifs; mais ſon front ſillonné de rides & ſon teint have décelaient la miſere & le chagrin, & il était écrit ſur ſon front, *monde primitif.* — Je ſuis, me dit-il, l'interprète de l'antiquité, le confident de Thaüt, l'explicateur des inſcriptions phéniciennes, & la victime de l'ingratitude du genre humain envers ſes inſtituteurs; mais comme je ſais que ce crime eſt loin de ton cœur, je viens t'avertir des erreurs dans leſquelles ce faux prophête voudrait t'entraîner. En paraiſſant chercher dans l'antiquité les traces du magnétiſme, le petit livre qu'il te préſente, tend à décrier cette découverte ſublime d'un homme heureux & ſage. Les choſes qu'il cite, ſont bonnes en elles-mêmes; mais il les altère & les dénature par la mauvaiſe application qu'il en fait, comme un mauvais eſtomac corrompt les meilleurs alimens, & au lieu d'en tirer les ſucs nourriciers qu'ils devaient produire, il les transforme en ſubſtances & humeurs malignes. Auſſi-tôt il fit paraître les pointes d'un trident magnétique, & fit évanouir le parleur gros & court, comme le vent chaſſe un léger nuage.

CHAPITRE IV.

Prophéties du Savant malheureux.

SANS l'influence ſalutaire de M. Meſmer, ah! que les hommes ſeraient à plaindre, reprit le créateur du monde primitif! Si j'avais ſuivi les conſeils de ce mortel ſecourable; ſi j'avais interrompu les travaux que je ne ceſſais de conſacrer à l'ingrat univers, je n'aurais pas ſi-tôt viſité les lieux ſombres qu'habitent Voltaire & Fréron, César & Tersite : mais ce qui me console d'être parmi les morts, c'est que je connais à présent la vérité du magnétisme, & que moi qui ne suis occupé que du passé, je sais le présent & l'avenir. Alors il prit le ton & la voix d'un prophête. Les mœurs, dit-il, acheveront de se corrompre; le charlatanisme s'élevera sur les ruines de la philosophie; les compilations & les critiques sur celles de la littérature. O Paris! ville de luxe, si florissante & si peuplée, de quels fléaux n'es-tu pas menacée? La farce italienne s'emparera du théatre de Corneille, & en voyant une pièce où il n'y a pas un honnête homme, on dira : cette pièce est charmante. Voilà les mœurs du temps. Et des drames lugubres seront applaudis au théatre Italien; des scènes d'épouvante & d'horreur succéderont aux madrigaux que l'on chantait à l'opéra; le juste & l'injuste deviendront arbitraires : je vois arriver la confusion de Babylone. A cette triste prédiction, je vis qu'il était de mauvaise humeur, puisque bien des gens approuvaient ce qu'il disait être mal. Cependant je n'ofais l'interrompre, & il pourfuivit ainfi : — mais un homme inftruit par la Divinité même, un homme felon mon cœur, ramenera l'âge d'or ; il établira la douce confraternité entre un grand nombre d'hommes de différents états & de différents caractères, qui ne s'étaient jamais vus, & qu'aucune caufe ne femblait devoir rapprocher; tous fe réuniront pour opérer une heureufe révolution dans la phyfique & dans la morale; & ce feront des hommes d'une efpèce rare, car ils promettront de garder le fecret fur ce qu'ils apprendront, & nul d'entr'eux ne trahira fon ferment. Je vois l'inftant où les maux de toute efpèce feront calmés & guéris fans le fecours aveugle de la médecine vulgaire, qui bleffe prefque toujours le malade, en voulant frapper la maladie. Par les foins de ce grand homme, l'équilibre de la circulation du fluide univerfel, fe rétabliffant parmi les gens du monde, les femmes & les jeunes gens, préviendra les progrès des folies épidémiques, fources fatales du dérangement des idées, du mauvais goût, de l'injuſtice & des immoralités. Meſmer deviendra le légiſlateur général, le doigt de la providence, parce que les idées morales ſont ordinairement le réſultat des ſenſations phyſiques. Je vois d'ici l'heureux jour où les citoyens robuſtes & ſages ſeront dignes d'être admis dans cette claſſe privilégiée, que le philoſophe Antiſtênes diſait être au-deſſus des préjugés & des loix. Les ſouverains eux-mêmes ne ſe feront plus la guerre; & ſi l'un d'eux éprouve quelqu'accès de colère ou d'ennui, le magnétiſme, en remettant ſes ſens dans leur aſſiette, préviendra les hoſtilités; & les femmes magnétiſées auront une imagination riante, mais jamais déſordonnée; elles ſeront ſenſibles & délicates, parce que la nature a voulu les rendre telles pour le bonheur de l'humanité; mais jamais coquettes & perfides, parce qu'il n'y aura plus chez elles de ces déſordres dans les fluides & les ſolides qui agiſſent ſi puiſſamment ſur les fibres de leur cerveau : ainſi Meſmer ſera tout à la fois le préſervateur de nos maux, l'ennemi des vices, le médecin des mœurs. Cependant plusieurs le méconnoîtront, & diront que sa puissance n'est pas réelle, parce qu'il n'en a point pour faire le mal, & que, semblable à la nature dans ses opérations journalières, il agit d'une manière douce, graduée, & par conséquent insensible. Il allait continuer, lorsqu'une pierre qui roulait sous ses pieds, détourna son attention. O Mercure, s'écria-t-il, tu fus le dieu de tous les peuples!

CHAPITRE V.

Le Palais magnétique.

ET je me trouvai transporté dans une maison où il y avait un grand nombre d'appartemens; les uns remplis de pauvres, & les autres de riches, de tout âge & de tout sexe. Ils étaient assis autour d'un grand baquet plein d'eau, & qui était couvert. Des pointes de fer plongées dans ce baquet, sortaient tout au tour par des trous pratiqués dans la couverture, & venaient, en se courbant, s'appliquer à l'estomac de chaque malade; & tant la foule était grande, que plusieurs attendaient aux environs. Je vis s'agiter des personnes qui n'étaient point malades, & je demandai ce qu'elles faisaient. Nous pratiquons, me dit un homme maigre & blême auquel je m'adressai. Chacun de nous a donné cent louis pour savoir le magnétisme, & nous avons achevé le cours; mais nous ne sommes pas satisfaits. Il y a ici des gens qui s'emparent de toute la science, & veulent la garder exclusivement; ce n'est pas là notre convention. Nous avons payé, nous voulons savoir: voilà pourquoi nous nous donnons tant de mouvement & tant de peine. Nous faisons ici des expériences sur les tristes Plébéiens; mais une douzaine de personnes entoure M. Mesmer, & nous cache tout.

CHAPITRE VI.

La Rose.

JE plaignis ces pauvres élèves que la soif de la science magnétique tourmentait comme Tantale au milieu des eaux, & je passai dans l'appartement voisin. Là, je vis des hommes & des femmes parés de distinctions diverses; prêtres & pontifes, femmes & magistrats, militaires & médecins, princes & chevaliers y étaient en grand nombre. Une jeune demoiselle était près de moi; elle me souriait, & me regardait avec des yeux pleins de charmes. On me dit que c'était-là sa maladie. Elle parut desirer une rose que j'avais; je la lui présentai avec rougeur & modestie, car je suis jeune, & je ne la connaissais pas, & elle s'évanouit. Aussi-tôt quatre hommes l'emportèrent. Je la suivis, car je m'intéressais à elle, quoique fidèle à ma Zoë. Un homme d'autorité me cria que l'on n'entrait pas dans *la chambre des crises* (c'était le nom du lieu où l'on portait la jeune demoiſelle) ; mais je bravai la défenſe, & j'entrai malgré deux ou trois docteurs de nouvelle fabrique, qui s'arrogeaient un ton de maître dans cette maiſon que je regardais comme publique. Je reconnus en eux ces hommes excluſifs dont les élèves ſe plaignaient, & qui aliénaient M. Meſmer de ſes diſciples fidèles. Cependant la jeune perſonne revint de ſa pamoiſon ; elle répandit en abondance de belles larmes perlées comme celles de l'aurore. Je ne conçois pas comment une roſe avait pu produire cet effet. Je pris la liberté de l'interroger là-deſſus, & elle me répondit que cette fleur était magnétiſée, & que j'étais moi-même un agent du magnétiſme : elle m'aſſura qu'elle m'avait obligation, & que j'avais beaucoup avancé ſa guériſon.

CHAPITRE

Fig. 1ère

Coupe et profil de l'intérieur de l'œil.

1. Pointe de l'angle oculaire.
2. Pointe de l'angle objectif.
3. Le Cristallin.
4. Le corps vitré.
5. L'Angle d'incidence.
6. La Rétine.
7. La Choroïde.

Fig. 2me

1. Base de la Sphère Magnétique.
2. Angle Magnétique qui porte la direction du fluide et du mouvement vers la partie malade.
3. Réciprocité magnétique.

CHAPITRE VII.

L'Éventail.

J'EN doutais encore, lorſqu'une autre dame qui ſortait auſſi de la chambre des criſes, laiſſa tomber ſon éventail. Je crus que la politeſſe m'obligeait de le ramaſſer; mais auſſi-tôt que je le lui préſentai, elle recula avec horreur, & s'enfuit précipitamment, en criant : laiſſez-moi...... Mari cruel...... Je me meurs. On la remporta dans la chambre où elle tomba dans d'affreuſes convulſions; elle ſe frappait la tête, & s'arrachait les cheveux; mais comme le plancher & les murs de la chambre étaient couverts de matelats, on la laiſſa ſe débattre juſqu'à l'épuiſement de ſes forces. Cette criſe me chagrina autant que celle de la jeune fille aux beaux yeux m'avait paru plaiſante.

CHAPITRE VIII.

Le grand Chapitre ou la Doctrine.

ET je passai dans la salle du cours. On y lisait avec emphase des cahiers que l'on disait être la théorie de M. Mesmer; & voici le fragment que j'en entendis :

« Le magnétisme ou fluide universel qui émane de tous les corps, qui les entretient & les pénètre, est semblable à la lumière qui vivifie nos regards, ou plutôt sans le magnétisme, il n'y aurait ni lumière ni vie. La théorie de la vision des corps nous conduit naturellement à la connaissance du magnétisme, par lequel tant de miracles ont été opérés, & devaient paraître impénétrables à la raison humaine, avant la découverte de M. Mesmer. C'est par l'incident des angles que s'opère ce qu'on appelle vulgairement l'usage de la lumière, la vision, la vue; c'est par les angles que se dirige le fluide magnétique. Tout corps peut & doit être pénétré de cette matière subtile, germe de la vie, cauſe des ſenſations & des jouiſſances : il paſſe dans les pores groſſiers d'un arbre ou d'une pierre, comme dans les vaiſſeaux imperceptibles qui nourriſſent dans les yeux d'une belle femme une humeur claire & vitrée, laquelle porte l'image des objets extérieurs ſur le miroir de ſa rétine, & ſert à frapper ſon imagination, ſon entendement, ſa mémoire, anime ſes deſirs, & fait battre ſon cœur ».

« C'eſt l'abſence, la diminution du fluide magnétique ou ſa mauvaiſe direction qui cauſent les déſordres de l'eſtomac, les tiraillemens des nerfs, les obſtructions, les anxiétés, les fatigues, les apétits déréglés, les humeurs noires, les larmes involontaires, la compreſſion ſpontanée des ſoupirs; mais en tirant d'un corps magnétique une ſuffiſante quantité de ce fluide, & le faiſant paſſer dans le corps déréglé, en ſuivant la direction adoptée par l'auteur de la nature, on rétablit bientôt dans toutes les parties de ce corps l'ordre & l'harmonie qui conſtituent la ſanté. Le malade ſe ſent frappé d'une douce chaleur; une reconnaiſſance involontaire du bienfait qu'il éprouve, s'empare de son ame. Cependant l'introduction de ce fluide peut lui arracher des larmes & des cris; car il augmente de puissance & d'effet à proportion du besoin que l'on a de le recevoir : alors le malade se sent brûler ou déchirer dans la partie dont la lésion, la compression ou l'obstruction altéraient en lui la force & le principe de la vie. L'équilibre se rétablissant dans la synovie des nerfs, les agite jusques vers leur origine, pour rendre à tout le genre nerveux sa première activité; delà des spasmes & des crises dont on ne doit point s'effrayer, & ces évacuations périodiques & progressives des humeurs qui embarrassaient, relâchaient & obstruaient toutes les facultés organiques, comme dans la transpiration supprimée, la paralysie, le marasme & l'atome ».

» Cette méthode curative est d'autant plus précieuse, & doit être d'autant mieux regardée comme une révélation des secrets de la nature, que les maladies les moins accessibles aux remèdes ordinaires, sont celles qu'elles guérit le mieux. Telles sont les migraines invétérées, les douleurs de dents, les vapeurs ſans cauſe apparente & léſion organique, l'épuiſement de l'eſtomac, les coliques extraordinaires, les tranſpirations ſupprimées, les effets de la pléthôre, la ſurdité, l'aveuglement dont la cauſe n'eſt ni apparente ni connue, les paralyſies, les ſciatiques & rhumatiſmes, & tant d'autres maladies qui ſont le déſeſpoir de la médecine vulgaire ».

» Le magnétiſme, que nous pouvons juſtement appeller le méchaniſme de la vie, a quelque choſe qui tient du miracle; c'eſt la réunion & le principe de tous les ſens, une ame commune à tous les êtres, une émanation directe de ce grand tout, un rayon de ce principe éternel qui a obtenu l'hommage de tous les peuples ſous tant de noms différents. La manière dont les hommes voient & ſentent les corps & les objets, démontre la manière dont ils reçoivent les impreſſions du magnétiſme, dont juſqu'à préſent perſonne n'avait apperçu l'exiſtence, parce qu'on confondait ſes effets avec les modifications que l'on appelle vulgairement chaleur, air, lumière ».

» Les yeux font, à vrai dire, les maîtres des autres fens, parce que ces organes, tous nerveux & très-voifins du cerveau & de l'origine des nerfs, abondent en efprits, qui ne peuvent manquer d'y exprimer l'état où ils font eux-mêmes, ou d'y opérer ce qu'on appelle les fenfations de l'ame, qui ne font autre chofe que quelques modifications des effets que le magnétifme imprime fur les corps ».

» La lumière n'eft dans la vifion que le *medium* ou moyen de la perception des objets extérieurs qui fe répètent à travers du criftallin & du corps vitré de l'œil jufques fur la rétine, comme les images des objets qui entrent par le verre concave placé au trou de la chambre noire, fe réflètent & fe tracent par des angles d'incidence fur le miroir que l'on a placé au fond du baffin rempli d'eau, fur lequel fe dirige le rayon de lumière ».

» Le fluide magnétique eft dirigé par la même théorie. Le corps valide qui en eft ſurabondamment chargé, parvient à le tirer & faire ſortir de lui-même, en établiſſant un centre moyen aux ſubſtances terreſtres & céleſtes qui conſtituent ce fluide divin; & lorſqu'on le poſsède, on parvient à le diriger à ſon gré, par une pointe quelconque qui lui ſert de conducteur, & le porte angulairement dans les lieux où ſa préſence eſt jugée néceſſaire ».

» Sans doute la lumière eſt regardée avec raiſon comme étant d'une ſubtilité extrême, puiſqu'elle pénètre & traverſe dans tous les ſens le diamant, la plus dure, la plus peſante & la moins poreuſe de toutes les matières ».

» La rapidité de ſon mouvement dans les éclairs, dans la flamme, dans les rayons que l'on tranſmet à travers d'un verre concave, ſur l'objet que l'on veut conſumer, & dans le fluide électrique, eſt ſuffiſamment conſtatée ».

» Le fluide magnétique eſt également ſubtil & rapide. La lumière n'exiſte, relativement à nos ſens, que par l'impulſion du fluide magnétique qui frappe notre orbite;

& l'électricité elle-même n'eſt qu'une modification, ou, ſi l'on veut, une combinaiſon du fluide magnétique ».

» Le magnétiſme n'eſt pas l'électricité ; car il exiſte par lui-même, & ſans le concours d'un autre agent & de toute puiſſance intermédiaire ; mais l'électricité ne ſe ferait point ſans le magnétiſme, qui en eſt le principe, comme les autres agens en deviennent l'occaſion & le développement. Voilà pourquoi les effets de l'électricité ſont violents, & ceux du magnétiſme proportionnés aux objets ſur leſquels on les dirige. Les uns briſent & renverſent ; les autres diviſent ou conſervent, ſelon les loix de la nature & de la néceſſité ».

» L'électricité eſt une interverſion de l'ordre établi pour animer les corps ; le fluide magnétique eſt la cauſe de cet ordre admirable, le répare & l'entretient ».

» Ce fluide eſt répandu dans tout l'univers ; il eſt préſent par-tout, au dedans comme au dehors des corps, & il ne lui manque, pour ſe rendre ſenſible à nos organes, qu'un certain mouvement & un milieu ou mode propre à le tranſmettre : c'eſt ce mouvement & ce milieu que M. Meſmer a eu l'art de découvrir ».

» Quoique la matière du magnétiſme ſoit répandue par-tout, elle ne ſe fait pas toujours ſentir, du moins aux hommes ordinaires ».

» Elle a bien un mouvement comme tout fluide ; mais le mouvement qu'elle a comme fluide, n'eſt pas encore celui qu'elle doit avoir comme objet de nos recherches. La matière magnétique, outre ſon mouvement de fluidité, a beſoin de vibration ou d'agitations excitées ou par un foyer de chaleur & de fermentation, ou par le frottement méthodique des corps animés ; ces vibrations ſe font ſur-tout en ligne droite ».

» Les différentes parties du fluide magnétique ſe réuniſſent ſur une baſe plus ou moins large, ſelon qu'elles ſont provoquées par le mouvement qu'on leur donne. De cette baſe circulaire, le fluide part pour ſe raſſembler à un ſeul point à l'extrêmité angulaire du doigt ou de l'aiguille de fer dont on ſe ſert pour le porter où l'on deſire, ſemblable à l'angle objectif d'un corps qui ſe porte ſur l'orbite de l'œil ».

» Car la nature n'a pas deux meſures ni deux manières. Un corps, pour être vu, ſe porte ſur la ſurface de l'œil par un cône dont la baſe eſt ce corps lui-même, & la pointe la ſurface du criſtallin; &, de ſon côté, la faculté de voir ſe porte ſur l'objet apperçu, par un cône dont la baſe eſt la largeur de l'œil, & la pointe l'objet perceptible, en la manière ci-contre ».

» De même le magnétiſme ſe formant par un angle dont la baſe eſt le corps animé qui le produit, ſe porte par un cône vers la pointe deſtinée à le diriger & à l'introduire dans les corps ».

» On voit par ces démonſtrations, qu'il y a réciprocité dans les deux opérations & de la vue & du magnétiſme ».

» D'où il réſulte que, dans deux corps également robuſtes & ſains, la communication du magnétiſme ne produit pas d'effets ſenſibles; mais qu'entre un corps robuſte & un corps débile & malade, le premier communique à l'autre le fluide dont il avait beſoin ».

» Il eſt tout auſſi facile de prouver que, ſans le magnétiſme, l'action de voir ſerait abſolument impoſſible (*), & que la théorie du magnétiſme des corps peut ſe démontrer par celle de la lumière & de la vue ».

» Ce n'eſt pas la lumière qui tombe réellement ſur la ſurface du criſtallin, ni qui paſſe à travers le corps vitré pour frapper la rétine, mais ſeulement la vibration qui ſe communique à la matière de la lumière qui eſt errante ſur cette ſurface & dans le corps vitré. Or, qui peut produire cette vibration, ſi ce n'eſt le fluide magnétique qui émane des corps apperçus, traverſe la capſule du criſtallin & la membrane vitrée, & pénètre à travers la rétine juſqu'à la membrane choroïde, pour y porter les ſenſations qui ſe communiquent au cerveau & dans l'ame même, telles que la frayeur

---

(*) Delà ſans doute le magnétiſme qui réſulte des regards du chien, de la couleuvre ; & le vers de Virgile :

Neſcio quis teneros oculus mihi faſcinat agnos.

Il eſt bien étonnant que l'auteur des traces du magnétiſme, au milieu de tant de citations, ait oublié celle-là.

& la colère qui réſultent ſouvent des objets que l'on voit, & qui ſont des impreſſions purement magnétiques, qui arrivent par cet endroit dans les corps animés ».

» La preuve que ce n'eſt pas la lumière elle-même qui arrive juſqu'à la rétine, ſe tire de la réfraction qui détourne la vibration magnétique ou ligne lumineuſe de ſon chemin le plus droit, à proportion de la denſité des corps qu'elle eſt obligée de parcourir, tels que le criſtallin & les corps vitrés. Comment expliquer ces effets, & quelles raiſons en donner, ſans le magnétiſme, fluide univerſel qui anime tout, & qui eſt la ſeule ſource de communication, de chaleur & de vie entre tous les êtres créés » ?

» Mais une démonſtration bien poſitive achevera de convaincre les eſprits raiſonnable. Ce n'eſt pas de la rétine que naît l'action de voir. Les phyſiciens qui l'ont cru, étaient dans une grande erreur : c'eſt certainement de la choroïde. La rétine, en réfléchiſſant les objets, les peint dans une ſituation renverſée : or, nous les voyons dans leur ſens naturel. Si l'impreſſion &

l'image des objets fur la rétine fuffifaient à l'action de voir, nous verrions involontairement tous les objets qui fe préfentent devant nos yeux; d'où il réfulterait un grand défordre dans l'imagination & une impoffibilité de penfer. On verrait tous les objets, indépendamment de l'attention & de la volonté; car la rétine produit encore après la mort les effets d'un miroir qui peindrait les objets renverfés ».

» Or, la choroïde qui porte les objets à la penfée, qui donne la faculté de voir ces objets, & de les voir dans leur fituation naturelle, n'eft point un corps, à travers duquel la lumière puiffe pénétrer & porter jufqu'au cerveau l'image & la mémoire des objets; c'eft un corps opaque, une membrane veloutée, enduite d'une encre d'autant plus noire, que les corps font plus fains & plus vigoureux. Il n'y a donc que le fluide magnétique feul qui puiffe agir fur cette membrane, puifque lui feul pénètre à travers les corps opaques, les arbres, les pierres & les métaux; lui feul peut, en fe portant fur la choroïde, occafionner les pensées relatives aux objets que l'on voit ; ce qui résout sans réplique un problême qui jusqu'à présent avait causé le désespoir des physiciens, des naturalistes & des philosophes les plus célèbres ».

Le lecteur se tut, & Mesmer survint. Il était dans la force de l'âge, & animé de cette confiance que donne les succès & l'admiration du vulgaire & des grands.

CHAPITRE IX.

Et moi aussi je suis Prophête.

LE peu de mots que ce digne fils d'Esculape dit en français-allemand, acheva de me persuader & d'exciter ma curiosité. J'aurais souscrit volontiers deux fois pour en savoir davantage. Je crus un moment être animé d'un nouvel esprit ; mais bientôt je perdis toute ma science, & il ne me resta qu'une inspiration prophétique qui me fit dire à M. Mesmer : « vous avez planté l'arbre, » vous en avez dirigé les branches ; craignez » que d'autres en dérobent le fruit, & que

» la communication des émanations mé-
» talliques que vous réunissiez à volonté,
» ne les divise à tel point, qu'elles de-
» viennent invisibles ». Je ne savais ce que je disais, car je rêvais. Cependant Zoë, en se retournant & me serrant dans ses bras, me réveilla. Oui, mon ami, s'écria-t-elle, Je ne connais que toi dans le monde, qui ait raison, même quand tu ne sais ce que tu dis.

FIN.

BIBLIOTHEQUE ROYALE

www.ingramcontent.com/pod-product-compliance
Lightning Source LLC
LaVergne TN
LVHW021642170726
843501LV00007B/2367

* 9 7 8 2 3 2 9 6 5 5 4 8 2 *